LES HAUTS FAITS
DES JÉSUITES,

DIALOGUE VERSIFIÉ,

EN MANIÈRE D'INSTRUCTIONS DONNÉES PAR LE POÈTE BEUGLANT
A SON AMI CADET ROUSSEL;

Suivi de la Doctrine des RR. PP.

PARIS.
IP., GALERIE VIVIENNE.
—
1826.

LES HAUTS FAITS
DES JÉSUITES.

IMPRIMERIE DE DAVID,
RUE DU FAUBOURG POISSONNIÈRE, N° 1.

LES HAUTS FAITS
DES JÉSUITES

ET LEURS DROITS A LA RECONNAISSANCE
DES FRANÇAIS.

—

DIALOGUE

EN MANIÈRE D'INSTRUCTIONS, DONNÉES PAR LE
POÈTE BEUGLANT A SON AMI CADET ROUSSEL,

SUIVI DE LA DOCTRINE DES RR. PP.

PARIS.
TOUQUET ET Ce, GALERIE VIVIENNE.

—

1826.

LES HAUTS FAITS
DES JÉSUITES
ET LEURS DROITS A LA RECONNAISSANCE DES FRANÇAIS.

DIALOGUE.

Air : *Je loge au quatrième étage.*

CADET-ROUSSEL.

Beuglant, je r'viens d'la Grenouillère,
Et j'te trouve ici tout à point ;
Tu vas éclaircir ma lumière
Sur eun'question qu'est z'un grand point;
Tu lis, car t'es homme d' conduite ;
Quand on cherche un savant, te v'là !
J'entends partout le nom d'Jésuite :
Parl'-moi donc un peu d'ces gens-là.

BEUGLANT.

Un Jésuite (A)! apprends donc, mon homme,
Qu'c'est un moine insoumis aux lois,
Qui ne r'çoit d'instructions que d'Rome (B),
Et qu'est le plus grand enn'mi des rois :
Sa morale est un peu fantasque (C);
Les vertus n'sont rien à ses yeux ;
Mais c'est en en prenant le masque
Qu'il fait tant de dup's en tous lieux.

CADET-ROUSSEL.

L'grand enn'mi des rois ! ça m'tracasse ;
C'est des mots que j'n'entends pas bien :
Aux rois, quoi qu'tu veux qu'un moin' fasse ?
Son pouvoir doit z'êt' moins que rien.
Je m'rappell' pourtant c'te varmine
Qu'on app'lait, j' crois, les Capucins,
A qui l'costum' (D) donnait la mine
Qu'avont souvent les assassins.

(A) Voyez Notes historiques, page 13.
(B) Voyez ibid., page 14.
(C) Voyez ibid., page 15.
(D) Voyez ibid., page 17.

BEUGLANT.

Des *assassins !*... Sans conséquence,
Tu viens, ma foi, d'prononcer l'mot :
Voilà comment, sans que t'y pense,
T'attache aux Jésuites l'grelot :
Eh bien ! ces moines, pour combattre,
Grâce aux doctrines d'un Guignard,
Le vaillant, le grand Henri-Quatre,
N'ont eu besoin que d'un poignard.

CADET-ROUSSEL.

Beuglant, ah ! j'frémis de t'entendre !
C'est par eux que l'premier Bourbon
Au fond d'la tombe a pu descendre !
Quoi ! c'est z'eux qu'ont tué c'roi si bon !
Mill' tonnerr's ! tout mon sang se glace,
Quand sous l'règn' d'un p'tit fils d'Henri (F)
On voit r'naître et rentrer z'en grâce
Un ordr' si justement flétri !

(E) Voyez Notes historiques, page 18.
(F) Voyez ibid.

BEUGLANT.

Quand c'te société régicide (G)
Proscrivait un roi si chéri,
Déjà, sous son fer parricide,
L'dernier Valois avait péri (H).
Plus tard, par son ordre suprême,
Un bras pervers, mais chancelant (I),
Encor sur Louis-Quinzième,
Essaya son poignard sanglant.

CADET-ROUSSEL.

Ainsi, de c'te perfide engeance,
Les vils suppôts r'naiss' donc toujours!,
En vain l'sang des rois d'mand' vengeance
D'ceux qu' la Franc' maudit tous les jours!
Ah! quel est donc l' mauvais génie
Qui protég' ces enfans d' l'enfer?
Quel est l' docteur... de Béthanie,
Qui veut dans leurs mains r'mett' l' fer?

(G) Voyez Notes historiques, page 19.
(H) Voyez ibid., page 20.
(I) Voyez ibid.

BEUGLANT.

De partout chassés pour leurs crimes (K),
Désignés par les potentats
Qu'ils voulaient rendre leurs victimes,
Comme les fléaux des états ;
Quand tous les peuples les connaissent,
Sous un ciel par eux rembruni,
En vain en France ils reparaissent :
Leur règne est à jamais fini.

CADET-ROUSSEL.

J't'entends avec plaisir, mon homme,
Et j'augur' bien d' ta prédiction ;
Dans mes esprits tu r'mets du baume :
J'vois pâlir la *Congrégation* (L).
J'avons tous besoin qu'on s'accorde
Pour maint'nir la paix et l'union,
Et je n'voulons pas qu' la discorde
Serv' des hypocrit's l'ambition.

(K) Voyez *Notes historiques*, page 21.
(L) Voyez *ibid.*, page 28.

BEUGLANT.

Va, nous rirons tous par la suite,
L'Jésuitism' n'aura pas d' succès,
D'autant plus qu' pour s' fair' Jésuite,
N' faut êt' ni Chrétien, ni Français.
Mon ami, bois à l'espérance,
Bois à la franchise d' not' roi,
A la santé des pairs de France,
Qui r'pouss' toujours un' mauvais' loi (M) !

CADET ROUSSEL.

Si les Jésuit' n'ont rien à r'frire,
Mon cher Beuglant, en vérité,
J'boirons d'bon cœur et j'pourrons rire,
Mais j'propose aussi z'eun' santé :
Quand tant d'grands homm' z'en mignature
Veul' nous priver d'nos plus beaux droits,
Honneur à la magistrature (N)
Qui soutient si dign'ment les lois !

(M) Voyez Notes historiques, page 29.
(N) Voyez ibid.

NOTES HISTORIQUES.

(A) Un Jésuite ! etc.

L'Ordre des Jésuites, connu sous le nom de *Compagnie* ou *Société de Jésus*, fut fondé en 1521, par Ignace de Loyola, Espagnol visionnaire et fanatique, qui, après avoir passé les vingt-neuf premières années de sa vie au métier de la guerre et aux amusemens de la galanterie, se retira au Mont-Ferrat en Catalogne, où il se consacra au service de la mère de Dieu, et prit le titre de *chevalier de Jésus-Christ et de la vierge Marie*. Il parvint d'abord à réunir dix compagnons, et obtint, du pape Paul III, en 1538, la bulle qui approuve son institut.

Au vœu d'obéissance fait au Pape et à un général représentant Jésus-Christ sur la terre, les Jésuites joignirent ceux de *pauvreté* et de *chasteté*, qu'ils ont observés jusqu'à ce jour, *comme on sait*.

A peine la Société fut elle formée, qu'on la vit riche, nombreuse et puissante. En un moment, elle exista en Espagne, en

Portugal, en France, en Italie, en Allemagne, en Angleterre, au Nord, au Midi, en Afrique, en Amérique, à la Chine, aux Indes, au Japon ; partout également ambitieuse, redoutable et turbulente, partout s'affranchissant des lois, portant son caractère d'indépendance et le conservant, marchant comme si elle se sentait destinée à commander à l'univers. (Extrait de *l'Histoire des Jésuites*, par Diderot.)

(B) Qui ne reçoit d'instructions que d'Rome.

Le général de l'Ordre réside à Rome, où les pères provinciaux lui adressent leurs rapports, de tous les points du globe, et reçoivent directement de lui leurs instructions.

Soumis au despotisme le plus excessif dans leurs maisons, les Jésuites en sont les fauteurs les plus abjects dans l'État. Ils prêchent aux sujets une obéissance sans réserve pour leurs souverains, aux rois l'indépendance des lois et l'obéissance aveugle au Pape, à qui ils accordent l'infaillibilité et la domination universelle.

C'est quand les rois veulent se soustraire à cette *obéissance aveugle* au Pape, qu'ils les déclarent *tyrans*, *ennemis de l'Église*, et les dévouent aux poignards, en déliant les peuples du serment de fidélité. Au surplus, ces hommes astucieux sont parvenus souvent à diriger la conscience des rois : et c'est par ce moyen qu'ils ont acquis une influence si dangereuse, et sont devenus véritablement, à certaines époques, les dominateurs des nations.

(C) Sa morale est un peu fantasque.

Le mot *fantasque* ne nous semble pas rendre parfaitement l'idée de Beuglant : nous croyons qu'il a voulu dire que la morale des Jésuites s'accommodait à toutes les circonstances, tantôt sévère et tantôt très-relâchée, se modifiant toujours d'après leur intérêt. Au surplus, nous allons en donner un échantillon, en publiant quelques-unes de leurs maximes.

On trouve, dans les écrits des pères Dis-CATILLE, TAMBOURIN et GASNEDI, qu'il est permis à un fils de se réjouir de la mort de son père, quand ce dernier lui laisse de grand liens. Le père TABERNA enseigne que *quand on est porté à la fornication par une violence irrésistible, la fornication ne peut point être imputée à crime.*

Selon le P. FEGELI, que le séducteur d'une vierge qui consent à la séduction, n'est tenu qu'à faire pénitence, parce *qu'une fille a la libre disposition de sa personne, et que ses parens ne peuvent, sous aucun prétexte, l'empêcher de la prêter à qui lui plait.*

Le père Emmanuel SA établit en principe *qu'une femme, et même un homme, peut louer sa personne, demander et recevoir le prix d'un tel marché ; qu'une fille honnête, ou une femme d'une extraction noble, peut attacher à ses faveurs le prix qui lui convient.*

Le père J. MARIN pense *qu'une fille enceinte pourrait, sans crime, se faire avorter, dans le cas où ce serait le moyen unique et nécessaire pour cacher sa grossesse et éviter l'infamie.*

Le père ESCOBAR fait habilement la distinction d'une *promesse qui oblige* et d'une *promesse qui n'oblige pas*. Il dit qu'il est permis de tuer un homme, quand son existence nuit à nos intérêts et qu'il s'agit de conserver notre fortune.

Le père BAUNY dit que *la soustraction journalière et continuelle d'un objet de peu de valeur, ne constitue point ce qu'on appelle un vol, et n'est pas un péché.*

Le père Emm. SA et le père GOBDON soutiennent que *l'on peut, en sûreté de conscience, prendre en cachette à quelqu'un, ce que l'on suppose qu'il vous aurait donné, si on le lui avait demandé.*

Enfin, tous ces bons pères soutiennent que *les plus grands crimes peuvent s'expier par des aumônes, des dons à l'église, et des fondations pieuses.*

(D) À qui l'costum' donnait la mine.

Les jambes nues, les sandales, le froc de bure, le capuchon et la barbe sale des Capucins, donnaient à la plupart un air capable d'épouvanter le voyageur qui les eût rencontrés au coin d'un bois. Cela n'empêche pas qu'il ne se soit trouvé dans cet ordre quelques hommes recommandables. Enfin ce n'est point à eux que le mot *assassins* est véritablement applicable.

(E) Grâce aux doctrines d'un Guignard.

Le père GUIGNARD, jésuite, auteur d'écrits apologétiques de l'assassinat de Henri IV par Jean Châtel, fut, pour ce fait, condamné, par le parlement de Paris, à être pendu, et subit son jugement en place de Grève, en 1695.

(F) Quand sous l'règne d'un p'tit fils d'Henri.

En songeant à la vénération avec lequel le nom de Henri IV est toujours prononcé par les Français, on conçoit difficilement que, sous le règne de celui de ses petits fils qui lui ressemble le plus par sa franchise et son amabilité, des hommes puissans, qui semblent étrangers aux affections nationales, tolèrent, protègent même une secte qui a mis le poignard à la main des assassins du bon roi, et que les lois du royaume ont justement proscrite.

Comme toutes les déclamations et les écrits de ces énergumènes reçurent l'approbation de la Société, mérite-t-elle ou ne mérite-t-elle pas le nom de *régicide?*

(H) *L'dernier Valois avait péri.*

Quoique Jacques CLÉMENT, assassin de Henri III, fût un moine de l'ordre de saint Dominique, il n'en reste pas moins prouvé qu'il avait été excité à ce crime par les prédications des Jésuites, instigateurs de tous les troubles de la Ligue. Ce qu'on a dit du père Commolet, dans la note précédente, en fait foi.

(I) *Un bras pervers, mais chancelant.*

Damien, qui assassina Louis XV, le 5 janvier 1757, ne porta à ce prince qu'un coup mal assuré, dont il fut légèrement atteint. Damien dit, dans l'un de ses interrogatoires, que son intention n'était pas de tuer le roi, qu'il voulait seulement le blesser, pour l'engager à changer de conduite, en cessant de persécuter l'église. (Par ce mot *l'Église*, il faut entendre les *Jésuites*).

(K) *De partout chassés pour leurs crimes.*

Dans l'arrêt du Parlement de Paris, du 6 août 1762, qui supprime l'Ordre des Jésuites comme une secte d'impies, de fanatiques, de corrupteurs, de régicides, etc., commandés par un chef étranger, et machiavélistes par institut, on trouve un *Abrégé chronologique de l'Histoire de l'Ordre depuis sa fondation.* Nous allons en retracer les principaux événemens.

En 1547, ROBADILLA, un des compagnons d'Ignace, est chassé des États d'Allemagne, pour avoir écrit contre l'*interim* d'Augsbourg.

En 1560, GONZALÈS SILVERIA est supplicié au Monomotapa, comme espion du Portugal et de sa Société.

En 1578, ce qu'il y a de Jésuites dans Anvers en est banni, pour s'être refusé à la pacification de Gand.

En 1581, CAMPIAN, SKERWIN et BRIANT sont mis à mort pour avoir conspiré contre la reine Elisabeth d'Angleterre. Dans le cours du règne de cette grande reine, cinq conspirations sont tramées contre sa vie par les Jésuites : ils en tramèrent dix-sept contre Henri IV.

En 1588, on les voit animer la Ligue formée en France contre Henri III.

La même année, MOLINA publie ses pernicieuses rêveries sur la concordance de la grâce et du libre arbitre.

En 1593, BARRIÈRE, est armé d'un poignard, contre le meilleur des rois, par le jésuite VARADÉ.

En 1594, les Jésuites sont chassés de France, comme complices du parricide de Jean Châtel.

En 1595, leur père GUIGNARD est conduit à la Grève, pour des écrits apologétiques de l'assassinat de Henri IV.

En 1597, les congrégations *de auxiliis* se tiennent à l'occasion de la nouveauté de leur doctrine sur la grâce; et Clément VII leur dit : *Brouillons, c'est vous qui troublez l'Église.*

En 1598, ils corrompent un scélérat, lui administrent son Dieu d'une main, lui présentent un poignard de l'autre, lui montrent la couronne éternelle descendant du ciel sur sa tête, l'envoient assassiner Maurice de Nassau, et se font chasser des états de Hollande.

En 1604, la clémence du cardinal Frédéric Boromée les chasse du collège de Bréda, pour des crimes qui auraient dû les conduire au bûcher.

En 1605, Oldecorn et Garnet, auteurs de la conspiration des poudres, sont abandonnés au supplice.

En 1606, rébelles aux décrets du sénat de Venise, on est obligé de les chasser de cette ville et de cet état.

En 1610, Ravaillac assassine Henri IV. Les Jésuites restent sous le soupçon d'avoir dirigé sa main ; et, comme s'ils en étaient jaloux, et que leur dessein fut de porter la terreur dans le sein des monarques, la même année, Mariana publia, avec son *Institution du prince*, l'*Apologie du meurtre des rois*.

En 1618, les Jésuites sont chassés de Bohême, comme perturbateurs du repos public, gens soulevant les sujets contre leurs magistrats, infectant les esprits de la doctrine dangereuse de l'infaillibilité et de la puissance universelle du pape, et semant, par toutes sortes de voies, le feu de la discorde entre les membres de l'état.

En 1619, ils sont bannis de Moravie pour les mêmes causes.

En 1631, leurs cabales soulèvent le Japon ; et la terre est trempée, dans toute l'étendue de l'empire, du sang idolâtre et chrétien.

En 1641, ils allument en Europe la querelle absurde du Jansénisme, qui a coûté le repos et la fortune à tant d'honnêtes fanatiques.

En 1643, Malte, indignée de leur dépravation et de leur rapacité, les rejette loin d'elle.

En 1646, ils font, à Séville, une banqueroute, qui précipite dans la misère un grand nombre de familles. Celle de 1761 n'est pas la première, comme on voit.

En 1709, leur basse jalousie détruit Port-Royal, ouvre les tombeaux des morts, disperse leurs os, et renverse les murs sacrés dont les pierres leur sont retombées lourdement sur la tête.

En 1713, ils appellent de Rome cette bulle *Unigenitus*, qui leur a servi de prétexte pour causer tant de maux, au nombre desquels on peut compter quatre-vingt mille lettres de cachet décernées contre les plus honnêtes gens de l'état, sous le plus doux des ministères.

La même année, le jésuite Jouvency, dans une *Histoire de la Société*, ose installer parmi les martyrs les *assassins de nos rois*; et nos magistrats attentifs font brûler son ouvrage.

En 1723, Pierre le Grand ne trouve de sûreté pour sa personne et de moyen de tranquilliser ses états, que dans le bannissement des Jésuites.

En 1728, Berruyer, travestit en roman l'*Histoire de Moïse*, et fait parler aux patriarches la langue de la galanterie et du libertinage.

En 1730, le scandaleux Tournemine, prêche à Caen, dans un temple et devant un auditoire chrétien, *qu'il est incertain que l'Évangile soit écriture sainte.*

C'est dans ce même temps qu'Hardouin commence à infecter son Ordre d'un scepticisme aussi ridicule qu'impie.

En 1731, l'autorité et l'argent dérobent aux flammes le corrupteur et sacrilége Girard.

En 1743, l'impudique Banzi suscite, en Italie, la secte des Mamillaires.

En 1745, Pichon prostitue les sacremens de pénitence et d'eucharistie, et abandonne le pain des saints à tous les chiens qui le demanderont.

En 1755, les Jésuites du Paraguay conduisent en bataille rangée les habitans de ce pays contre leurs légitimes souverains.

En 1757, un attentat de parricide est commis contre Louis XV, et c'est par un homme qui a vécu dans les foyers de la *Compagnie de Jésus*, que ces pères ont pro-

et les suites de cet événement amenèrent son extinction parmi nous.

Voilà les principales époques du Jésuitisme; il n'y en a aucune entre lesquelles on n'en pût intercaler d'autres semblables.

Combien cette multitude de crimes connus n'en fait-elle pas présumer d'ignorés ?

Comment se fait-il que, parmi les prélats les plus éclairés de la France, il s'en trouve qui, paraissant avoir oublié ces faits, se font les apologistes des Jésuites, et cherchent à faire croire que, du rétablissement de cet ordre séditieux, la religion recevra un nouvel éclat, et le trône un nouveau degré de force !

(L) J'vois pâlir la Congrégation.

On entend par *Congrégation*, l'association générale de tous les hommes imbus des doctrines jésuitiques, qui, quoique répandus dans les diverses classes de la société (depuis la plus haute jusqu'à la plus basse), reçoivent, par des voies détour-

établi pour détruire les libertés publiques; et prouver, par leur sagesse et leur fermeté, que tous les efforts d'une hypocrite malveillance viendront se briser sur le seuil du temple de la justice, où l'intégrité et la conscience des juges ne seront jamais de vains mots. La France a déjà inscrit dans ses fastes les paroles sublimes d'un magistrat aussi recommandable par son indépendance que par ses lumières et son intégrité, en réponse à quelques sollicitations d'un haut personnage : *Monseigneur, la cour que j'ai l'honneur de présider rend des arrêts et non des services.*

FIN.

www.ingramcontent.com/pod-product-compliance
Lightning Source LLC
Chambersburg PA
CBHW070523050426
42451CB00013B/2819